ETAT

DES

Paroisses et Couvents de Boulogne

EN 1790

Publié par A. DE ROSNY

BOULOGNE-SUR-MER

IMPRIMERIE G. HAMAIN

83, RUE FAIDHERBE

—

1913

ÉTAT

DES

Paroisses et Couvents de Boulogne

EN 1790

Publié par A. DE ROSNY

BOULOGNE-SUR-MER

IMPRIMERIE G. HAMAIN

83, RUE FAIDHERBE

1913

Extrait du *Bulletin de la Société Académique de Boulogne-sur-mer*, tome X.

ÉTAT

DES

Paroisses et Couvents de Boulogne

En 1790

I

CHAPITRE DE LA CATHÉDRALE DE BOULOGNE-SUR-MER

MM.

DE GARGAN, doyen et chanoine, âgé de 60 ans, dignitaire (1).

DE MÉRIC DE MONTGAZIN, chanoine et archidiacre, 70 ans, dignitaire (2).

RATTIER, chanoine et archidiacre, 40 ans, dignitaire (3).

(1) *Gargan* (Charles-Louis-Joseph de), né en 1730, chanoine 1758, doyen du chapitre, archidiacre 1763, vicaire général 1761. Mort à Bornhem, près Malines, en 1808.

(2) *Montgazin* (Jean-Baptiste Olivier Placide de Méric de), chanoine, archidiacre, grand vicaire, mort le 16 janvier 1793 à Heinsberg, aumônier des Ursulines avant Mʳ Voullonne. Nous avons donné son portrait, d'après Déjabin, dans le *Recueil hist. du Boulonnais*, p. 167.

(3) *Rattier* (Germain) vicaire général ; taille : 5 pieds 3 pouces, cheveux, sourcils et barbe noirs, visage marqué de petite vérole, yeux bruns, menton rond (Passeport du 12 septembre 1792). Professeur au collège du chateau de Borg, près Munster, vicaire général à Séez en 1820, mort en 1830.

VOULLONE, chanoine et grand chantre, 53 ans, dignitaire (1).

TRIBOU, chanoine et trésorier, 47 ans, dignitaire (2).

GIBLOT DU BRÉAU, chanoine et grand pénitencier, 48 ans, dignitaire (3).

ROUSSEL DE PRÉVILLE, chanoine, 62 ans (4).

FROTTIER, chanoine, 64 ans (5).

DE LASTRE DU VAL DU FRESNE, chanoine, 57 ans (6).

BOSSART l'aîné, chanoine (7).

(1) *Voullone* (Pierre Antoine), né à Alona (Espagne) le 15 mai 1737, chanoine, curé-doyen de Saint-Joseph 1767, grand chantre 1780, aumônier des Ursulines, vicaire général 1789, professeur à Borg, curé de St-Joseph 1810, vicaire général d'Arras, restaurateur du culte de Notre-Dame en 1807, mort 15 juillet 1811.

(2) *Tribou* (Pierre) né à Calais, chanoine 1768, trésorier 1775, aumônier des Ursulines 1789-1792 ; taille 5 pieds 4 pouces, cheveux grisaillés, sourcils et barbe chatains, yeux bleus, visage et menton ronds, nez aquilain, bouche ordinaire (Passeport pour Ostende du 13 septembre 1792).

(3) *Giblot du Bréau* (Jean-Baptiste Onésime), prêtre du diocèse de Paris, docteur *in utroque*, grand vicaire de NN. SS. de Pressy et Asseline 1788-1790, émigré, mort à Paris 24 mars 1818.

(4) *Roussel de Préville* (Jean Marie François Joseph de) né le 20 mars 1728, prêtre en 1754, chanoine official en 1757, président de l'Administration du Boulonnois, mort le 18 juillet 1805.

(5) *Frottier* (Dauphin Louis), prêtre du Saint-Sépulcre de Rouen, chanoine le 15 mai 1759, survit en 1791.

(6) *De Lastre du Val du Fresne* (Louis-François), natif d'Audembert ; taille 5 pieds 3 pouces, cheveux, sourcils et barbe chatains grisaillés, yeux bleus, nez moyen, menton rond double, visage rond, plein et en couleur, bouche petite (Passeport pour Ostende 12 septembre 1792).

(7) *Beaussart* (Antoine) l'aîné, né à Moufler le 21 novembre 1724, prêtre du diocèse d'Amiens, chanoine de Boulogne 1765.

CLÉMENT, chanoine, 68 ans (1).

DUPONT, chanoine, 54 ans environ (2).

VAILLANT DU CHATELET, chanoine, 61 ans (3).

POULTIER, chanoine, 52 ans (4).

COSSART, chanoine, 46 ans (5).

FLAMENT, chanoine, 54 ans (6).

TRIBOU, chanoine et théologal, 38 ans (7).

COQUATRIX, chanoine, 40 ans (8).

(1) *Clément* (Jacques Antoine François), natif de Boulogne, chanoine 1765, aumônier de Mgr de Pressy, promoteur de l'officialité 1778-1790, mort vers 1800.

(2) *Dupont* (Honoré Félix), de Marquise, 55 ans en 1792 : taille 5 pieds 6 pouces, cheveux, sourcils et barbe chatains, yeux bleus, nez aquilain un peu long, menton long et double (Passeport pour Ostende, le 12 septembre 1792).

(3) *Vaillant du Chastelet* (Claude Benoit Le), chapelain de Bernes, chanoine 1765, mort en 1810.

(4) *Poultier* (François Maximilien André) d'Abbeville, chanoine en 1763 ; taille 5 pieds 3 pouces, portant perruque, visage long et maigre, yeux gris brun, sourcils et barbe chatains, menton un peu pointu, nez ordinaire, bouche petite (Passeport pour la Flandre 14 septembre 1792).

(5) *Cossart* (Jean-Baptiste), né 20 mars 1744, à Cauchy à La Tour, sous-directeur au séminaire de Saint-Nicolas du Chardonnet 1769, chanoine de Boulogne 1773.

(6) *Flament* (Michel Joseph), d'Amettes, chapelain de Sainte-Barbe de Bernes 1773, vicaire de Saint-Joseph, chanoine 17 juin 1778.

(7) *Tribou* (Etienne Nicolas), de Calais, chanoine théologal 1780 ; taille 5 pieds 6 pouces, cheveux grisaillés, yeux bleus, nez ordinaire, visage marqué de petite vérole et maigre, bouche moyenne, menton ordinaire (Passeport pour Ostende 13 septembre 1792). Professeur au chateau de Borg, curé de Notre-Dame de Calais 1803-1820, mort à 68 ans le 4 mars 1820.

(8) *Coquatrix* (Pierre), de Rouen, official, vicaire général ; taille 5 pieds 5 pouces, front large et découvert, cheveux chatains, yeux bleus, nez long, bouche petite, peu de sourcils, barbe noire, visage rond et plein, menton double (Passeport pour Ostende 12 septembre 1792).

Bossart, cadet, chanoine, 50 ans (1).

Une prébende vacante par mort.

Une vingt et unième prébende unie au collège de l'Oratoire.

NOMS ET AGES DES CHAPELAINS RÉSIDANTS

MM.

Perdriseau, chapelain et ancien curé, âgé de 76 ans (2).

Odent, chapelain sans revenu ni fonctions (3).

Lecus, chapelain, porté aussi au nombre des musiciens cy dessous, 70 ans.

Mathon, l'aîné, chapelain, 38 ans.

Patras de Campaigno (4), chapelain sans revenu ni fonctions, 28 ans.

Nota : Les autres chapelains ne résidant pas, on en ignore l'âge : ils sont encore au nombre de cinq, savoir :

Arquier (5).

(1) *Beaussart* (Isidore) cadet, prêtre du diocèse d'Amiens, maître ès-arts de l'Université de Paris, sacristain du chœur 1778, chapelain de Saint-Eloi 1786, chanoine 1788.

(2) *Perdriseau* (Pierre), de Condé en Hainaut, curé d'Outreau, chapelain de Saint-Denis à la Cathédrale 1762, directeur des Annonciades, chapelain de Saint-Jacques de Bédouatre 1778.

(3) *Odent* (Louis Marie), chapelain de Saint-Mathieu 30 juillet 1753 ?

(4) *Patras de Campaigno* (Louis Hilaire), né 1762, tonsuré 1784, chanoine de Saint-Eloi 1788, quitta les ordres à la révolution, devint cultivateur et se maria à Marie Thérèse Sophie Le Porcq, dont suite.

(5) *Arquier* (Bernard), prêtre du diocèse de Toulouse, bachelier en théologie, docteur en Sorbonne, curé de Saint-Nicolas 1761, chapelain de la Blanche Mère Dieu 1765 ; rentré à Toulouse, se démet de sa cure en 1771.

MM.

DE SAINT-JUST.

ROUSSEL.

LA BARRE (1).

SOYER (2).

NOMS ET QUALITÉS DES PERSONNES ATTACHEES AU SERVICE DE LA CATHÉDRALE

MM.

LEFEBVRE (3), vicaire de chœur, prêtre, 46 ans, 900 francs de fixe, 50 francs de casuel, 18 ans à la cathédrale et 1 an en la paroisse de Calais.

BALLIN (4), vicaire de chœur, prêtre, 33 ans, 800 francs de fixe, 50 francs de casuel, depuis 7 ans.

MATHON (5), le jeune, prêtre deserviteur, 28 ans, 650 francs de fixe, 50 francs de casuel, depuis 4 ans.

BÉTISI (6) clerc, maître de musique, 41 ans, 1,200 francs de fixe, 50 francs de casuel, 20 ans

(1) *A. de la Barre*, chanoine.

(2) *Soyer* (Jean Pierre), prêtre du diocèse de Beauvais, chapelain de la Madelaine à la cathédrale 1775.

(3) *Lefevre* (Louis Marie Antoine Pierre), vicaire de chœur. Passeport pour l'Angleterre le 13 septembre 1792, 47 ans.

(4) *Ballin* (Jean François Marie), vicaire de chœur, natif de Boulogne ; taille 5 pieds 4 pouces, front large, yeux noirs, cheveux et sourcils noirs, nez bien fait, bouche moyenne, menton petit (Passeport pour l'Angleterre 6 septembre 1792), 34 ans.

(5) *Mathon* (Jean Claude Alexis) le jeune, 28 ans, prêtre 1786, chapelain de Fressin 1784, aumônier de la garde nationale 1789.

(6) En 1802 on l'appelle *Mr de Béthisy*, professeur de musique.

à la cathédrale en cette qualité, 12 ans à Meaux comme enfant de chœur.

Lecul, clerc musicien, ayant sa retraite, 70 ans, 450 francs de fixe et 50 francs dé casuel, 50 ans à Boulogne en cette qualité, 12 ans à Abbeville comme enfant de chœur.

Bellanoi (1), prêtre, sacristain, 42 ans, 800 francs et logement, 16 ans en cette qualité, et avant un an et demi de vicariat.

Lécossois (2), chantre, musicien, ayant sa retraite, 77 ans, 500 francs et 50 francs de casuel, 57 ans de service à la cathédrale.

Masson (3), chantre musicien, 39 ans, 600 francs et 50 francs de casuel, 16 ans 1/2 de service à la cathédrale, 8 ans dans d'autres églises cathédrales.

Mignot, musicien, 40 ans, 600 francs de fixe, 50 francs de casuel, 12 ans de service à la cathédrale.

Hoyer, chantre musicien, 28 ans, 600 francs de fixe et 50 francs de casuel, 6 ans de service à la cathédrale et 4 ans dans différentes églises.

Lefèvre, chantre musicien, 28 ans, 700 francs

---

(1) Jean Marie Clément *Le Gressier de Bellanoy*, seul de tout le clergé de la cathédrale, prêta le serment constitutionnel le 22 septembre 1792, devint curé intrus de Saint-Joseph.

(2) Prêta le serment civique le 15 fructidor an VI (1ᵉʳ septembre 1798) comme pensionnaire de la république.

(3) François Nicolas *Masson* prêta aussi le serment civique comme pensionnaire de la république.

fixe et 50 francs casuel, 8 ans de service à la cathédrale.

Mignon, chantre musicien, 36 ans, 730 francs et 50 francs casuel, 3 ans de service à la cathédrale et 12 ans à la cathédrale de Beauvais.

Brunet, serpentiste, 24 ans, 600 francs et 50 francs casuel. Deux ans serpentiste, 10 ans enfant de chœur en cette église et 5 ans serpentiste à Saint-Bertin.

Obert (1), organiste, 46 ans, 354 francs, 11 ans de service à la cathédrale et 13 ans auparavant organiste aux Cordeliers.

Strasmann, suisse, 40 ans, 600 francs et habillé, 11 ans de service à la cathédrale et 12 ans dans le service du Roy.

Desmarquet (2), premier massier et garçon de sacristie, 50 ans, 456 francs et 50 de casuel, 14 ans de service à la cathédrale.

Fissiaux, second massier, servant les dimanches et fêtes, 52 ans, 60 francs, 9 ans 1/2 de service à la cathédrale.

Martre (3), massier et garçon de la petite sacristie, 57 ans, 150 francs, 41 ans de service à la cathédrale.

---

(1) *Obert* (François Frédéric), f. : : organiste et faiseur d'instruments, notable, a quitté Boulogne le 21 août 1798 pour se fixer à Paris.

(2) *Desmarquet*, prête le serment civique le 15 fructidor an VI (1er octobre 1798).

(3) *Martre*, prête le serment civique le 15 fructidor an VI (1er octobre 1798).

Herbaut, sonneur, 38 ans, 365 francs et logement, 7 ans de service à la cathédrale.

Geneviève Bienaimée (1), servante retirée de la maîtrise des enfants de chœur ; pour ses anciens et bons services une pension lui a été accordée : 58 ans, 200 francs, 28 ans de service.

Nota : Les différents traitemens cy-dessus se prennent sur différentes bourses.

MAISONS

L'Archidiaconé à gauche dont M. de Méric de Montgazin est titulaire a une maison qui lui est annexé.

Les autres dignitaires et chanoines n'ont point de maisons attachées à leurs prébendes ; toutes les maisons appartenantes à différentes bourses du chapitre étoient destinés aux logemens des chanoines. Elles se louoient dans la salle capitulaire aux enchères, elles ne pouvoient être loué(e)s à des personnes du dehors qu'autant qu'il ne se présentoit personne du chapitre Les unes sont louées par bail à vie, les autres par bail de 3, 6 et 9 ans, une seule est loué(e) par bail emphitiotique (emphithéotique) de cent ans au sieur Caux, menuisier.

Les maisons louées par bail à vie et par des

(1) Pensionnaire de la république, prête serment le premier octobre 1798.

personnes du chapitre, sont celles occupées par
M. le Doïen, M. le grand chantre, M. le tresorier,
M. le grand penitencier, M. Duchatelet, M. Poul-
tier et M. Flament.

Celles qui sont louées par bail de 3, 6 ou 9 (ans)
à des chanoines sont celles de M. Bossart et
Tribou le Théologal ; celles occupées par des
vicaires pretres sont celles de M. Ballin et de
M. Lefebvre ; celles occupées par des musiciens,
sont celles de M Masson et de M. Brunet. Une
des maisons est attaché(e) à la place du sacristain
et une autre à la place du sonneur, une autre
servant d'écurie à l'évêché.

Les maisons du chapitre louées par bail à vie
aux personnes de la ville sont : une louée à vie à
Mlle de Lique et une autre aux D^{lles} Dublaisel.
Une autre maison est louée par bail de 3, 6 et
9 ans à M. Delastre.

Nota. — La maison occupée par M. le grand
chantre a été construite dans sa moitié à ses
frais et dépens.

II

PAROISSE DE SAINT-JOSEPH

Le curé de St-Joseph de la hautte ville de
Boulogne est dans sa 40e année, ses noms sont
Jean François Louis Bernard Parent : la datte de
sa nomination à la cure de St-Joseph est du

16 octobre 1780 ; auparavant il a resté 4 ans à l'hôpital de cette ville en qualité de chapelain et précédemment il a professé la philosophie pendant 2 ans à Laon en Laonnois.

Il n'y a point de vicaire en titre dans la hautle ville malgré sa population qui monte à près de 2,000 âmes. M. Jean François Marie Ballin en exerce les fonctions avec la permission du curé depuis cinq ans ; il est vicaire de chœur à la cathédrale depuis 7 ans ; auparavant il a resté un an à Calais en qualité de chantre et deux mois comme vicaire de Réty ; il est dans sa 32e année.

M. Jean Claude Alexis Mathon, âgé de 29 ans, dessert depuis 4 ans un office de la cathédrale nommé le *dossal*, et exerce depuis ce tems la place de sous-diacre d'office à la paroisse de Saint-Joseph (1).

LA FABRIQUE DE SAINT-JOSEPH

a pour tous revenus fixe les rentes qui suivent :

	l.	s.	d.
1° 3 livres de rente de fondation dus par M. Marmin, directeur de la poste, à cause de la maison par lui acquise de M. Belterre, cy	3		

Cette rente est chargée d'un obit le

(1) D'après un billet autographe de M. Parent, conservé aux Archiv. Comm. de Boulogne.

premier jour libre après la Saint Jean-Baptiste.

2° 10 livres de rente surcensière dus par les représentants la veuve Malfoy à cause d'une maison à Audresselle.

Nᵃ. Cette rente qui avoit été donnée à la charge d'un obit qui s'acquitte le premier jour libre après Noël, a toujours été portée en reprise dans tous les comptes depuis celui de 1754 dans lequel elle est portée pour 5 années, ainsy . . . . Mémoire.

3° 50 livres de rente dus par les representants le sʳ Eugenne Jeanneson de Bourbourg, qui étoit aux droits du sʳ Lallement qui avoit donné cette rente à la charge d'une messe basse chaque samedy de l'année ; cette rente est contestée, il y a (procès). On a cessé depuis environ un an d'acquitter laditte messe sauf à la faire acquitter lorsque l'instance sera jugée, ainsy Mémoire.

4° Rente de 10 livres de fondation, due par M. Demenegard, chargé d'un obit avec vigille. 10

5° Rente de 3 livres de fondation due par les héritiers du sʳ Pihen, chargé d'une messe basse tous les ans. 3

l.   s.   d.

6° Rente de 4 livres due par le nommé Sagnier du Portel. Cette rente avec les 3 suivantes est chargée de 9 messes basses, suivie d'un *de profundis* à voix basse et a toujours été portée en reprise dans les comptes, ainsy que lès autres depuis celui de 1754, dans lequel elle étoit portée pour deux années, ainsy   Mémoire.

7° Rente de 2 livres, dû par Pierre et Nicolas Butel, du Portel, non perceptible pour les raisons en l'autre part, ainsy . . . . . Mémoire.

8° Rente de 1 livre 15 s. du par Nicolas Germes, d'Outreau, non perceptible pour les raisons susdites, ainsy . . . . Mémoire.

9° Rente de fondation de 11 livres dû par le sr Dublaizel d'enquin pour les vespres du jour de Saint-Joseph .   11

10° Rente de 8 livres dû par le nommé Pincet, de Montlambert, chargé de 3 messes basse pendant le carême   8

11° 3 livres 5 s. de rente de fondation dû par les représentants du sr Coranson, chargé d'une messe chanté(e) 3   5

12° 3 livres 5 s. de rente de fondation dû par les mêmes, chargé aussi

	l.	s.	d

d'une messe chanté(e). 3 5

13° 50 livres de rente constitué(e) par les administrateurs des affaires communes du Boullonnois, pour l'emprunt fait pour l'acquisi(ti)on des droits de vicomté, la dite rente chargé(e) d'une messe basse les jours de sermon pendant l'avent et le carême . . . 50

14° 8 livres de rente de fondation due par les representants de M. et Mme Charmont? chargé d'un *de profundis* après la messe de paroisse de chaque fête de l'année, qui doit être dit à voix basse par M. le curé ; pourquoi cette rente doit lui être remise en entier. . . . . Mémoire.

15° Rente de fondation de 8 livres dûe par Mme Deroquigny, chargé aussi d'un *de profundis* à dire par M. le curé à voix basse à l'issu de la messe de paroisse les dimanches, ainsi la ditte rente doit lui être remise en entier. . . . . Mémoire.

16° 100 livres de rente de fondation, dû par M. et Mme Dorincthon, dont la moitié est applicable au logement en partie du curé, l'autre à la fondation de la messe de paroisse les dimanche ; ainsi il n'y a que 50 livres à mettre aux

l.   s.   d.

revenus de la fabrique 50

17° 39 livres 4 s. 6 d. de rente de fondation, dû par le s^r Delavilleneuve affecté à la retribution des chantres et à quatre messe basse par chacun an 39 4 6

18° 10 livres de rente constitué(e), dû par M. Pincedé, procureur, laquelle doit être remise à M. le curé pour être distribuée aux pauvres de la paroisse . . . . Mémoire.

19° 50 livres de rente constitué(e), dû par l'hotel de ville de Boulogne, laquelle rente doit être remise à M. le curé pour être distribuée aux pauvres ainsy . . . . Mémoire.

Total du revenu fixe de la fabrique 180 14 6

Lesquels sont chargés de l'aquit des fondations dont on a rendue compte sur chaque article : le reste n'est que du casuel consistant :

1° Dans la vente qui se fait du restant du pain bénit qui n'a point été distribué au peuple à la messe de paroisse. Cet objet peut produire année commune . . . . , . . 10 livres

2° La fabrique ayant acheté de quoi tendre la paroisse les jours d'enterrement elle perçoit 15 livres des familles qui le demande. Ce droit a produit à la fabrique depuis le 1er janvier 1780 jusqu'au 1er janvier 1790 : L. 900, ce qui fait année commune . . . . 100 livres

3° Le cimetière de la paroisse ayant été transféré hors de la ville en l'année 1772, on s'est procuré un emplacement dans un terrein dépendant des fortifications, lequel on a fait enceindre de mur pour la dépense desquels la fabrique a été obligé(e) de prendre trois mille livres à constitution de 150 livres de rente de la Confrairie du Saint-Sacrement, érigé(e) en la même paroisse, pour le payement de laquelle rente, ainsy que de la somme de 24 livres qu'il a été convenu de payer annuellement à l'état-major pour l'emplacement dudit cimetière, il a été arretté par deliberation du 21 juin 1772 qu'on percevroit au profit de la fabrique sur chaque enterrement qui se feroit avec convoi les 4 s. pour livre des honoraires du clergé. Cette deliberation a été homologuée par arrêt du conseil provincial d'Artois du 20 janvier 1773.

Ces droits ont produit pendant les 12 années à compter du 30 juin 1778 au 26 aoust 1790 : 1,985 livres, ce qui fait année commune 165 livres et par conséquent 9 livres chaque année au-dessous de ce que la fabrique paye annuellement : savoir 24 livres au domaine et 150 livres à la confrairie.

Tout ce que la fabrique reçoit est employé à l'acquit des fondations, entretiens, reparations de l'autel, des ornements, linge, vases sacrés, lievres (sic), luminaires, pain, vin, gages de l'organiste, des bedeaux, sonneurs, retributions des chantres, et est insuffisant, puisque par l'arrêté du dernier compte rendu par le sieur Marmin le 14 aoust 1778, il étoit dû par la fabrique à la confrairie du Saint Sacrement une somme de 2,787 l. 11 s. 6 d. — Cette somme se trouvera augmenté(e) dans le compte que le sʳ Leporcq, margueiller actuelle, se propose de rendre au premier moment, declarant au surplus qu'il n'a aucun denier en caisse appartenant à la fabrique.

III

COUVENT DES URSULINES

A

Denombrement des proprietes que la communauté des Ursulines de Boulogne possède dans la ville.

La maison conventuelle ne fut jamais batie pour un couvent. Se sont toute petite maison voisine dont les unes ont été donnée pour dot et les autres achetés et que l'on a taché de rendre habitable, le tout ensemble y compris l'emplacement de l'église contient 1,020 toises quarrée(s) en superficie dans lesquels il y a une cour d'entrée de forme irrégulière portant reduit en longueur 8 toises et demie sur 8 de largeur, un jardin portant 12 toise(s) 4 pied de largeur sur 17 toises réduit de long(u)eur. Une cour des pensionnaires formant un quarré long portant 11 toises sur 5 de largeur et 3 autres petites cour(s) pour la commodité et la circulation d'un batiment à un autre.

Dans la hautte ville :

Une maison occupé(e) par MM. Delafolie et Forestier dont le prix de la derniere location est de 480 l. ; elle est chargée d'une censive de 5 ℔. 11 s. 6 d Idem une autre maison occupé(e) par MM. Fissiaux et Dubois, loué(e) 176 livres.

Rentes foncières et les fonds sur lesquels elles sont affectées avec les noms des débiteurs :

	l.	s.	d.
M. de Men(ne)ville sur sa maison	44	8	9
La veuve Robart sur sa maison	11	17	»
M. Falempin sur une maison	11	»	»
La veuve Conty sur une maison	5	»	»
La veuve Dêves une maison basse ville	5 et 1 poule		
Le s^r Mutuel une maison	2	19	»
Le s^r Constantin une maison basse ville	2	19	»
Vasseur, marchand, une maison	15	10	»
Bien aimé une maison basse ville	1	13	6
La veuve Ricart une maison	1	12	»

Les rentes constitué(e)s

	l.	s.	d.
En 4 contracts sur l'octroi de la ville	750	»	»
Sur tous les biens de M^{rs} de l'oratoire de cette ville	240	»	»

	l.	s.	d.
Sur les biens de Mme Leporcq-Gillion	22	6	»
Sur la maison du s^r Queneüil	25	»	»
Sur la maison de M Joubert	124	11	»
Sur la maison de M. Valdufresne	100	»	»
Sur les biens de M. Feron	100	»	»
Sur les biens de la veuve Delseaux	28	»	»

B

LISTE DES RELIGIEUSES QUI COMPOSENT ACTUELLEMENT LA COMMUNAUTE

Thérèse Aldegonde DE GUISELIN DE FROMESENT, dite de saint François de Sale, âgée de 64 ans (1).

Marie Barbe LE PORCQ, dite de saint Placide, âgée de 64 ans.

Marie Antoinette LEGENDRE, dite de saint Jean-Baptiste, agée de 63 ans.

Marie Marguerite Godelaine LONGMEAUX, dite de sainte Godelaine, agée de 64 ans.

Marie Angélique Baptiste KELNER, dite de sainte Ambroise, agé(e) de 74 ans (2).

Marie Jeanne Marguerite GUILBERT, dite de saint Bernard, agé(e) de 50 ans.

Eleonore Marie Cécile DUWIQUET, dite de sainte Ursule, agé(e) de 55 ans.

Louise Catherine Victoire DE ROUSSEL, dite de saint Basile, agé(e) de 57 ans (3).

(1) † A Boulogne le 5 janvier 1808.
(2) † A Dunquerque en 1794.
(3) Envoyée prisonnière à Arras en 1793 ; assistante, † au château d'Honvault en 1797.

Heleine Caroline Geneviève BOUCHEL, dite de
sainte Dorothé(e), agé(e) de 47 ans (1).

Marie Louise GUERLAIN, dite de sainte Cécile,
agé(e) de 48 ans.

Marie Antoinette Florentine MASSON, dite de
sainte Therese, agée de 43 ans.

Marie Joseph HERDUIN, dite de saint Jean l'evan-
geliste, agée de 50 ans.

Marie Henriette BERTRAND, dite de sainte Ange,
agée de 40 ans.

Barbe Geneviève GRUAU, dite de saint Maxime,
agée de 41 ans (2).

Marie Marguerite HAZARD, dite de tous les Saints,
agée de 47 ans.

Marie Nicole Seraphine LE PORCQ, dite de sainte
Madeleine, agée de 38 ans (3).

Catherine Ulalie BUTOR, dite de saint Louis de
Gonzague, agée de 35 ans.

Marie Genevieve DESPRIAUX, dite de saint Pierre,
agée de 46 ans (4).

Marie DAVERON, dite du Sacré Cœur de Jésus,
agée de 35 ans.

Marie Antoinette DUTERTRE, dite de l'Assomption,
agée de 36 ans.

Marie Magdeleine Marthe POT DE VIN, dite de saint
Michel, agée de 30 ans (5).

(1) Assistante en 1812, † à 75 ans, le 1er mars 1818.
(2) Directrice des novices fut envoyée par A. Dumont, prisonnière à Abbeville. Restauratrice des Ursulines à Boulogne,
supérieure en 1812. Née à Paris le 8 janvier 1749, † le 11 septembre 1822.
(3) Dépositaire en 1812, prisonnière à Montreuil sa ville
natale, † 1817.
(4) † 28 juin 1815.
(5) † En Allemagne 5 mai 1796.

Marie Louise REGNIER, dite de la Visitation, âgée de 35 ans.

Marie Josephe RFGNIER, dite de la Nativité, agée de 33 ans.

Marie Jeanne JEFFERYS, dite de sainte Agnès, agée de 35 ans.

Marie Bernardine Augustine LE PORCQ, dite de saint Jean Chrisostome, agée de 30 ans (1).

Marie Omer Godeleine BERNET, dite de sainte Julie, agée de 35 ans (2).

Marie Madeleine Agnès Rosalie BRILLARD, dite de sainte Rosalie, agée de 31 ans.

Godelaine Elizabeth DUVAL, dite de saint Charles, agée de 24 ans.

Constance CORREUX, dite de sainte Angèle, agée de 24 ans.

Marie Jeanne Rosalie DELATRE, dite de sainte Victoire, agée de 29 ans.

Marthe GARNHAM, novice angloise, agée de 23 ans.

Marie Marguerite DELACORIE, dite de saint Alexis, agée de 82 ans (3).

Marie Anne PERONT, dite de saint Martin, agée de 81 ans.

Marie Antoinette BERQUET, dite de l'Annonciation, agée de 66 ans.

Marie Marguerite BUTEL, dite de sainte Geneviève, agée de 60 ans.

(1) Prisonnière à Montreuil sa ville natale, † le 18 avril 1828.
(2) † Avant 1810.
(3) † 7 octobre 1793.

Marie Jeanne Françoise ANQUET, dite de saint
François de Paul, agée de 58 ans.

Marie Louise Antoinette DUCROCQ, dite de saint
Benoit, agée de 53 ans.

Marie Françoise NIESE, dite de sainte Monique,
agée de 57 ans.

Marie Magdeleine HAMIN, dite de sainte Marthe,
agée de 47 ans.

Marie Jacqueline Elizabeth LEFEVRE, dite de saint
Dominique, agée de 50 ans.

Jeanne Austreberth DÉPLANQUE, dite de Sainte
Famille, agée de 35 ans.

Marie Beatrix (Joseph) PETIN, dite de saint
André (sœur converse), agée de 35 ans.

Marie Catherine NIESE (1), dite de sainte Scho-
lastique (converse), agée de 34 ans.

Madeleine Austreberth LE ROUX, dite de la Conception (converse), agée de 21 ans.

Jeanne Thérèse BOMY (ou DE BAUMY), dite de
sainte Claire (converse), agée de 25 ans (2).

C

Le 7 janvier 1791 Louis Alexandre Géneau,
maire de Boulogne, suivi de onze officiers muni-
cipaux, se rendit, conformément à la loi du
14 octobre dernier, au couvent des Ursulines et...

(1) Catherine Niaise, *alias* Miaige, prête le serment civique
le 3 mai 1793 et dit ne savoir signer.
(2) L'état original (2 f. petit in-folio, Archiv. Comm. de Boul.)
est signé de sœur Thérèse de Saint François de Sales, supérieure.

interpella la dame supérieure : celle-ci répondit « qu'il n'étoit sorti de sa communauté aucune « religieuse, qu'il n'y en a aucune qui l'ait « quitté sans son consentement ; à l'égard des « religieuses nées en pays étrangers, n'ayant pas « fait profession, il s'en trouvoit une, savoir « d^{lle} Marthe Laurences Garsnham, du village de « Wisbeach, de la province de Cambridge, la- « quelle n'a pas encore fait profession et porte « furtivement le voile blanc sous le nom de reli- « gion s^r s^t Ignace ; qu'il se trouve en la dite « maison des Ursulines, 30 religieuses de chœur « et 14 sœurs données ou converses, ayant toutes « fait profession. »

Le maire ayant faire lire l'article 15 de la loi susdite, les religieuses déclarent qu'elles entendent rester en leur communauté : signé :

† Sœur de s^t François de Sales, supérieure.

† Catherine de *Rousel*, dite de s^t Bazile, assistante.

† Marie Angélique Baptiste *Kelner*, dite de s^t Ambroise, zélatrice.

Marie Catherine *Legendre*, dite de s^t Jean-Baptiste, sœur de chœur, et première portière indiscrète.

† Marie Barbe *Leporcq*, dite de s^t Placide, boursière.

† Marie Marguerite *Longmaux*, dite s^{te} Godeleine, sœur de chœur de tour.

† Marie Jeanne Marguerite *Guillebert*, dite de
s^t Bernard.

† Marie Cécile Eléonore *Lenclos*, dite de s^{te}
Ursule.

† Hélène Caroline Geneviève *Bouchel*, dite de
s^{te} Dorothée.

† Marie Antoinette Florentine *Masson*, dite de
s^{te} Thérèse.

† Marie Louise *Guerlain*, dite de s^{te} Cécile,
maîtresse générale des pensionnaires.

† Marie Joseph *Herduin*, dite de s^t Jean l'évan-
géliste, maîtresse particulière des externes.

† Marie Henriette *Bertrand*, dite des Anges.

† Barbe Geneviève *Gruau*, dite de s^t Maxime.

† Marie Marguerite *Hazard*, dite de tous les
saints (prêta le serment civique le 3 mai 1793).

† Marie Séraphine *Le porcq*, dite de s^{te} Madelaine.

† Catherine Eulalie *Butor*, dite de s^t Louis de
Gonsagues.

† Marie Anne Geneviève *Despriaux*, dite de
s^t Pierre.

† Marie *Davron*, dite du Cœur de Jésus.

† Marie Antoinette *Dutertre*, dite de l'Assomption.

† Marie Madelaine Marthe *Podevin*, dite de
s^t Michel.

† Marie Louise *Régnier*, dite de la Visitation.

† Marie Joseph *Régnier*, dite de la Nativité.

† Marie Jeanne *Jeffrys*, dite de s^te Agnès.

†. Marie Bernardine Augustine *Le porcq*, dite de s^t Jean Chrisostome.

† Marie Omer *Bernet*, dite de s^te Julie.

Marie Madeleine Agnès Rosalie *Brillard*, dite de s^te Rosalie.

Godeline *Duval*, dite de s^t Charles.

Constance *Correux*, dite de s^te Angèle.

Marie Jeanne Rosalie *Delatre*, de s^t Victoric.

Marguerite *Flahault*, cy devant *de la Corie*, dite de s^t Alexis (a payé la dot exigée des sœurs de chœur, mais a été empêchée de la devenir par une difficulté dans la prononciation et autres infirmités ; ne sait signer, à cause de la faiblesse de sa vue et de son grand âge, 82 ans).

Marianne *Pérois*, dite de s^t Martin, converse (1).

Marie Antoinette *Berquier*, converse.

Marie Marguerite *Butel*, converse : (native d'Etaples, 64 ans en 1794, prête le serment civique le 15 ventose an 2, 5 mars 1794).

Marie Jeanne Françoise *Anquier*, converse.

Marie Louise *Ducrocq*, converse.

Marie Françoise *Miaige*, dite de s^te Monique.

Marie Madeleine *Hamin*, dite de s^te Marthe.

Marie Jacqueline Elisabeth *Lefevre*, de s^te Dominique.

Jeanne Austreberthe *Deplanque*, de s^te Camille.

---

(1) Les converses ne savent pas, *id est*, ne veulent pas signer.

Marie Beatrix Joseph *Petin*, de s^t André.

Marie Catherine *Miaige*, de s^te Scolastique.

Marie Madeleine Austreberthe *Le Roux*, de la Conception.

Jeanne Thérèse *de Baumy*, de s^te Claire.

Et avons clos le présent procès verbal sur les 9 h. du soir.

Pierre Dupont, Le Riche, Patin, Delahaye, Jacques Cavillier, Nicolas Delacre, Géneau, Fontaine, Dupuis, Grandclas, Dutertre, p^r de la commune, *G. Le Riche* substitut du p^r, *Podevin, Daunou, Lheureux.*

(Archiv. comm. Boul.)

Et le 8 janvier 1791, Louis A. Géneau, maire, J. B. Patin, Gaspart le riche, substitut, Jean Marie Th. Lheureux secrétaire, ont fait procéder à l'élection de la supérieure et de l'économe : quatre religieuses de chœur et 14 sœurs converses ne prennent point part à l'élection :

Dame Thérèse Aldegonde Guizelin de s^t Fois de Salles, « a réunie la pluralité absolue des suf- « frages pour la place de supérieure et a été pro- « clamée comme telle aux applaudissements de « toutes ces dames. »

Dame Marie Marguerite Hazard a été nommée économe...

Nous avons clos le présent procès verbal — et ont les dites dames au nombre de 26 signé avec nous.

Géneau, Patin, G. Le Riche, Lheureux.

N. B. — Les votantes sont marquées d'une croix dans la liste précédente.
(Archiv. comm. Boul.).

D

INVENTAIRE DU MOBILIER DES DAMES URSULINES

1792 5 7bre.

Nous, Jules Bouchard, off^r m^{al}, Gabriel Hache, notable, assistés de Pierre Honoré Routier, substitut du proc^r de la Commune, et de J. M. Th. Lheureux, secrétaire —... sommes transportés en la maison des Dames Ursulines à l'effet de procéder à l'inventaire des effets, meubles, argenterie, linges, ornements qui peuvent s'y trouver et à l'apposition des scellés dans les endroits où il sera possible de le faire.

Cuisine, office, arrière cuisine, apoticairerie, réfectoire, chauffoir, boulangerie, filerie, seillier...

Le 6 7bre. — Merlin Laffresnoy et Ducrocq, off^{rs} m^{aux} continuent l'inventaire dans le couvent, quartier des pensionnaires, classes, dortoirs, chambres, infirmerie.

L'après-midi l'inventaire est continué par Jules Bouchart et Hache dans la classe des externes, où l'on remarque un oratoire dédié à St Augustin ; grande classe : oratoire dédié à la Ste Vierge.

« De là nous avons été introduits dans un colidor
donnant sur le jardin et vis à vis du cloître... au
bout dudit colidor, ayant vue sur le jardin et sur
la cour avons trouvé cinq armoires..., dont une
renfermante des figures en cire... »

Dans la chambre servant à l'instruction du no-
viciat. . un oratoire dédié à Marie, à l'étage au
dessus 29 cellules, toutes pareilles...

Réfectoire des convalescentes, infirmerie des
dames, ayant vue sur le rampart, lingerie des
dames, grande sacristie : un bureau de bois d'orme
à 6 tiroirs, ou se sont trouvés 6 bources de calice..., une écharpe de péquin peint, 1 étole
blanche, 1 bource d'autel en soie blanche, 4 pieds,
en étoffe, de St Sacrement de différentes couleurs,
1 pavillon, 5 ornemens et 3 pieds..., sept cha-
subles.

Dans une autre armoire... 2 burettes et leur
plat, 1 calice et sa patene, en argent, six pavil-
lons servants à la grille, 6 petits lutrins en
étoffe..., 4 grands chandeliers d'argent..., un
bénitier de cuivre, une croix d'autel, un encensoir et une navette d'argent.

Le 7 7bre 1792 Jacques Marie Antoine Merlin,
offr mal, Jules Jean Coilliot, notable, et Routier,
substitut, ont continué les opérations.

Dans une place haute, à coté du tour, donnant
sur la cour appelée *le dépot*, avons reconnu...
qu'il se trouvait des titres, registres et papiers,
que nous nous sommes réservé d'inventorier...

Dans une armoire au dessus de la seconde se sont trouvées plusieurs épitaphes.

Dans la petite sacristie : un tableau encadré, représentant une descente de croix, et un autre cadre, peint sur toile, représentant le Christ.

Dans l'avant-chœur : deux autels décorés· de cadres, bouquets, pots de fayance, l'un dédié à l'ange gardien, et l'autre à St Joseph. — Un tableau encadré de bois noir, en bas duquel est écrit : *Deliciæ veritatis.*

Dans le chœur : un grand autel garni de son devant, audessus de laquelle (*sic*) se trouve 1 nappe fine, 9 petits cadres en bois doré, un Christ, 6 bouquets avec leurs pots, et 1 g^d tableau représentant l'Adoration des Mages... Deux autres tableaux tenant audit autel représentant l'image de St Joseph et celle de Ste Madeleine. Onze grands tableaux, entourant ledit chœur, encadrés en bois doré—Deux autres petits tableaux, forme ovale, et trois moyens quarrés, le tout encadré de bois doré Cinquante stales en bois de chêne, et 2 prie Dieu. Deux petits autels décorés de leurs cadres, bouquets, napes, devant d'autel, surmontés chacuns d'un grand tableau en cadre de bois doré...

Dans une petite chapelle où on se retire l'hiver pour dire l'office : 2 grands tableaux.

Dans l'Eglise : grand autel et 2 crédences, 4 grands chandeliers de bois argenté avec leurs cierges en bois peint. Un grand tabernacle orné, dans lequel il nous a été déclaré se trouver un soleil en argent doré et un ciboire d'argent avec la coupe d'or. Un grand tableau au dessus du maître autel peint sur toile ; au dessus de deux crédences deux figures en bois doré servant d'accolites au maître-autel. Au-dessus du tableau dudit maître autel 3 figures, dont 2 anges et une autre représentant Jésus Christ portant sa croix. Une chaire de verité et 2 grands chandeliers en bois, plus un fauteuil de tapisserie, fond jaune. Dans le bas de l'Eglise, cinq grands tableaux, encadrés de bois peint. — Un bénitier en marbre.

Dans une petite chapelle attenante au chœur : 1 autel garni, décoré d'une chasse renfermante l'image de l'enfant Jésus, etc...

Le même jour, à 2 heures, avec Hache, notable, ils ont continué leurs opérations.

Dans une petite chapelle servante de resserve pour les reliques de la maison : 1° une chasse contenant le corps de St Clément, l'autre en bois couverte de satin rouge renfermant les ossements du corps de St Victor. 2° 3 chasses, dont une en cristal, contenant le chef de St Victor avec une couronne au dessus : la 2de et la 3e en forme de tabernacle, le corps de Ste Félicienne se trouvant renfermé en parties divisées dans lesdites deux chasses.

Dans l'endroit nommé le *presbitère* donnant sur le sanctuaire de l'Eglise ... un petit autel dédié aux âmes du purgatoire.

On passe ensuite dans plusieurs cours, dans une cave, dans la brasserie, dans le grenier, dans le clocher, le bucher, etc.

Le 10 7bre. Ja. Mie Antoine Merlin, Jac. Jean Coilliot (1), et M. Routtier passent dans les parloirs, les greniers aux grains, ...

Dans la chapelle du St Sacrement : 4 chasses de bois brun ; 2 renfermants les corps de St Magran, St Valentin et St Honoré, les 2 autres, le chef de St Candida et les ossements de St Prospère.

Le même jour... avons levé les scellés de l'armoire... aux papiers, et avons reconnu qu'elle renfermoit.

1o Ferme de Belle, 12 liasses ou dossiers.

2o Ferme de Bellebrune, La Codellerie, et le *pré* nommé *Sénéca*, 7 liasses.

3o Ferme de Peuplingue, 9 dossiers et liasses.

4u Ferme de Vieille-Eglise, 11 liasses et dossiers.

5o Ferme de Pihen, 14 liasses.

6o Ferme de Marc, 8 liasses.

Et le 11 7bre 1792, 9 h. du matin avons procédé à la continuation...

7o Ferme de Lianne et fief de la Pipenerie, 15 dossiers.

8o Ferme de St Martin, 8 liasses.

9o Ferme de Wirwigne, 4 dossiers.

10o Liasse concernant fondation de la Ve Lefevre.

(1) Ce sont bien les prénoms de M. Coilliot et non Jules-Jean, comme à la page 29.

11º Rentes de Bournonville et autres.

12º Liasse d'une rente Duhamel de la Capelle.

13º Liasse d'une rente par le s^r Moffet, de Bourthes.

14º Liasse concernant la maison d'Audembert.

15º Titres des terres de Guemps, 2 liasses.

16º Rapports et reconnaissances de rentes, 1 liasse.

17° Liasse de 6 pièces pour les terres de Niel de Calais.

18º 5 dossiers, 115 pièces pour les terres de Woye (Oye) près de Calais.

19º Liasse de 17 pièces pour les terres de Louche.

20º 8 dossiers, 87 pièces pour terres à Rodelinghen et Bazinghen.

21° 8 liasses, 46 pièces, fondations de messes.

22º 1 liasse, 6 pièces, pour la dotte de 4 religieuses.

23º Liasse de 10 reconnaissances de rentes.

24º Dossier de 9 liasses, fondations de messes.

25º Liasse de 4 dossiers, pour les 3 mesures de terres du mont d'Olivet de la Ste Trinité.

26º Liasse de 3 dossiers concernant 2 maisons rue des Ursulines.

... Et avons clos et arrêté le présent inventaire en présence desdites dames religieuses supérieure et dépositaire lesquelles nous ont requis de vouloir prendre les clefs de l'armoire où les papiers

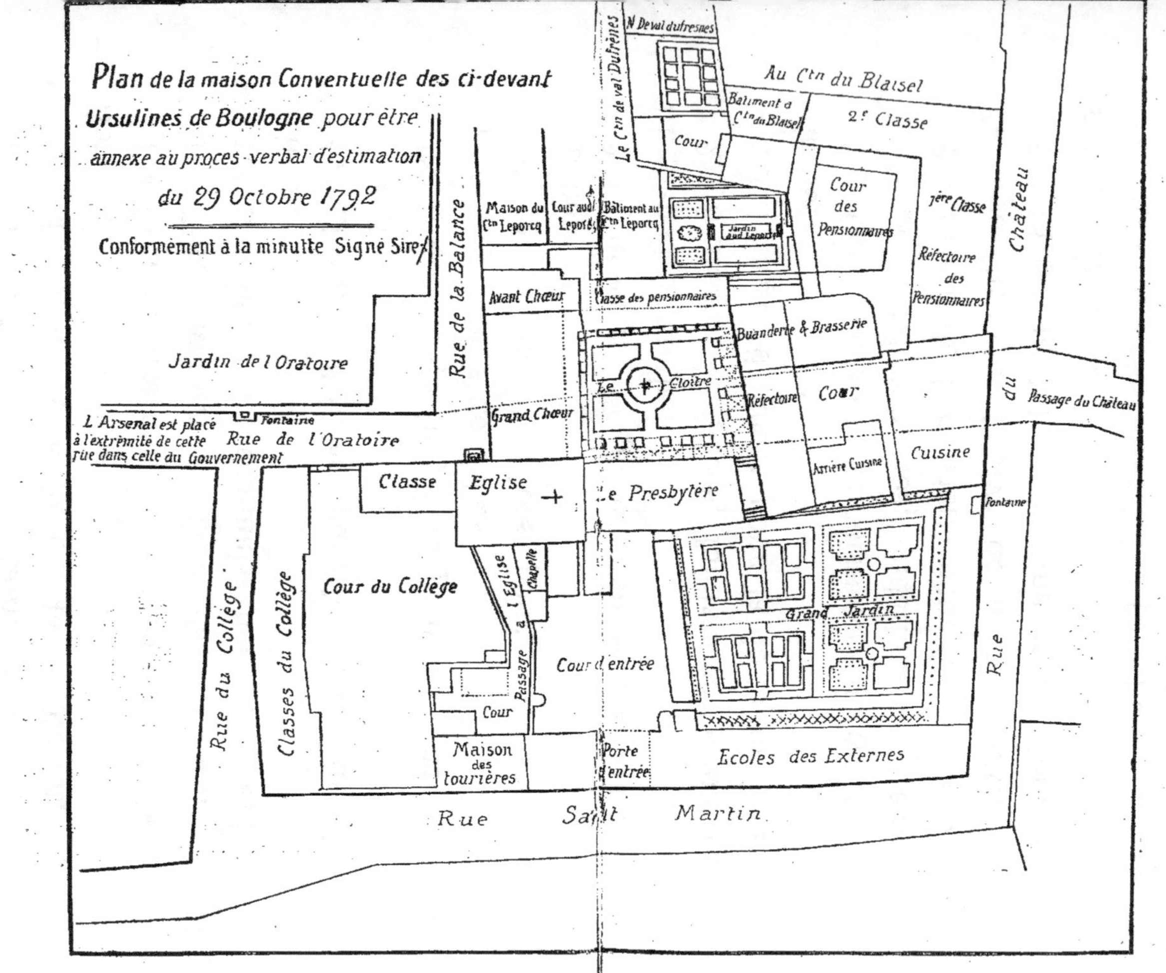

Plan de la maison Conventuelle des ci-devant
Ursulines de Boulogne pour être
annexe au procès-verbal d'estimation
du 29 Octobre 1792
Conformément à la minutte Signé Siref
Jardin de l'Oratoire
L'Arsenal est placé
à l'extrémité de cette Rue de l'Oratoire
rue dans celle du Gouvernement
Fontaine
Rue de la Balance
Rue du Collège
Classes du Collège
Cour du Collège
Maison des tourières
Cour
Passage à l'Eglise
Chapelle
Classe
Eglise
Le Presbytère
Cour d'entrée
Porte d'entrée
Ecoles des Externes
Rue Saint Martin
Maison du Ctn Leporcq
Cour au Ctn Leporcq
Bâtiment au Ctn Leporcq
Jardin au Leporcq
Avant Chœur
Grand Chœur
Classe des pensionnaires
Le Cloître
Buanderie & Brasserie
Réfectoire
Cour
Arrière Cuisine
Cuisine
Fontaine
Grand Jardin
Le Ctn de val Dufresnes
N Deval dufresnes
Au Ctn du Blaisel
Bâtiment a Ctn du Blaisel
2e Classe
Cour
Cour des Pensionnaires
1ère Classe
Réfectoire des Pensionnaires
du Passage du Château
Château
Rue

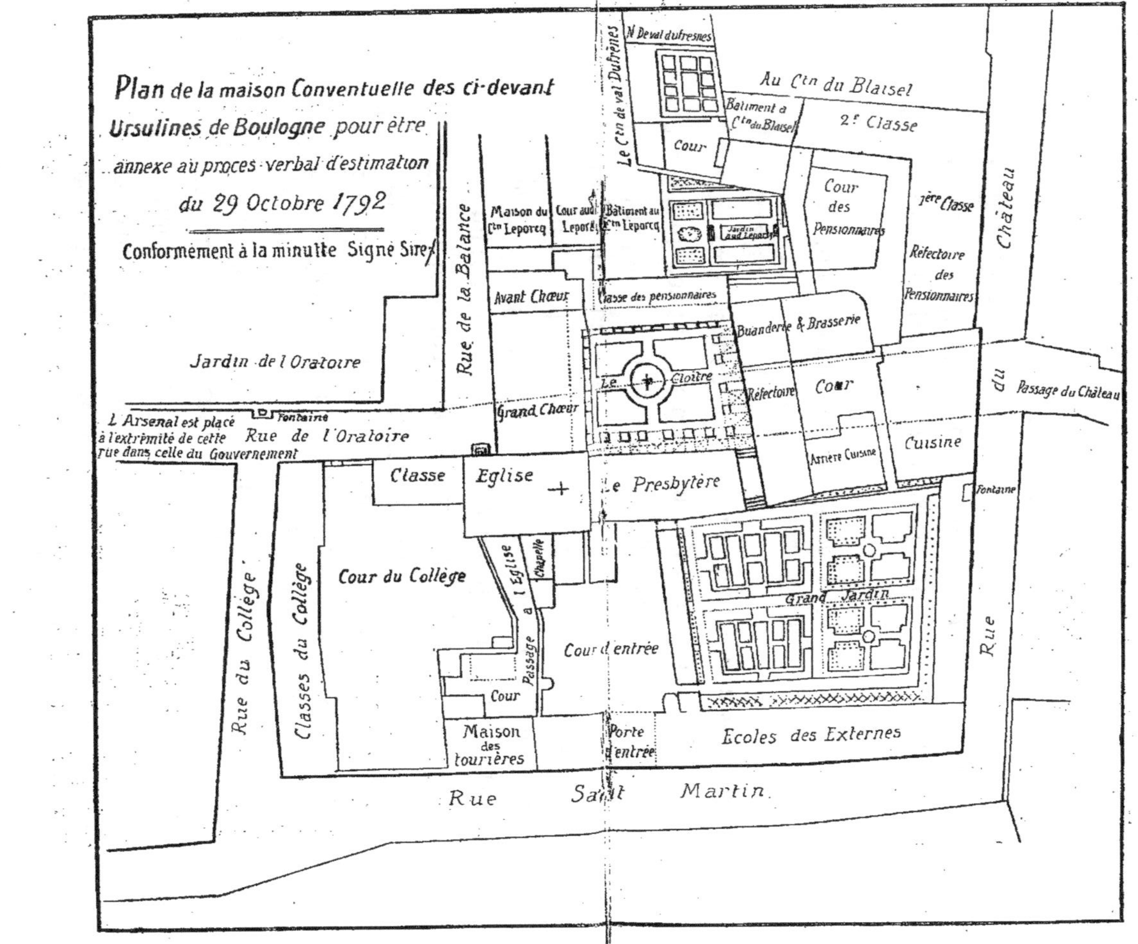

Plan de la maison Conventuelle des ci-devant
Ursulines de Boulogne pour être
annexe au procès-verbal d'estimation
du 29 Octobre 1792
Conformément à la minutte Signé Siref
L'Arsenal est placé à l'extrémité de cette rue dans celle du Gouvernement
Jardin de l'Oratoire
Fontaine
Rue de l'Oratoire
Rue de la Balance
Rue du Collège
Classes du Collège
Cour du Collège
Classe
Eglise
Passage à l'Eglise
Chapelle
Le Presbytère
Cour d'entrée
Cour
Maison des tourières
Porte d'entrée
Ecoles des Externes
Grand Jardin
Rue
Rue Saint Martin
Fontaine
Avant Chœur
Grand Chœur
Classe des pensionnaires
Le Cloître
Réfectoire
Buanderie & Brasserie
Cour
Cuisine
Arrière Cuisine
Maison du Ctn Leporcq
Cour au Ctn Leporcq
Bâtiment au Ctn Leporcq
Jardin au Ctn Leporcq
Le Ctn de val Dufresnes
N Deval dufresnes
Au Ctn du Blaisel
Bâtiment a Ctn du Blaisel
2e Classe
Cour
Cour des Pensionnaires
1ère Classe
Réfectoire des Pensionnaires
du Château
Passage du Château

utiles ont été renfermés, lesquelles clefs ont été à l'instant remises, pourquoy les présentes leur vaudront décharge, et ont signé avec nous...

Et le 29 7bre 1792 Nous Jacques Jean Coilliot et Jean Charles Marmin, notable, délégués par le conseil général de la commune pour retirer (du couvent des Ursulines) l'argenterie et les papiers... il nous a été remis en évidence : 1º deux burettes et leur plat, un calice et sa patène, quatre grands chandeliers, une croix d'autel, un encensoir, une navette, le tout en argens, et un soleil et un ciboire d'argent avec sa coupe, le tout en vermeil... Et ouverture faite de l'armoire aux papiers, ils ont été retirés de ladite armoire..., et avons fait mettre lesdites argenteriers et papiers dans deux mannes pour être transportés de suite au directoire du District, au moyen de quoi lesdites Dames en demeurent déchargées, et avons dressé le présent procès verbal...

Et ledit jour les citoyens Coilliot et Marmin s'étant rendus au directoîre y ont déposé les argenteries et papiers... dont ils demeurent déchargés.

Hénin, secret.

Archiv. Comm. P. 1re divon 1791-2.

La vente du mobilier des Ursulines a eu lieu en octobre 1792 et s'est terminée le 23 ; elle a produit 13,593 livres.

E

1792 7 x^{bre}. Extrait du registre aux délibéra-
tions de la ville de Boulogne-sur-Mer.

Ce jourd'hui 7 x^{bre} 1792, 1er de la Rep., en
l'assemblée ordinaire du Conseil général de la
commune, tenue publiquement, présidée par le
citoyen Bouchard, off^r m^{al}, présens les citoyens
Loison, Cattaert, Sannier, Ivart, Barce, off^{rs} m^{aux}
Souquet, Butor, Delarue, Marmin, Merlin, Chan-
laire, Blangy, Cavilier et Tiesset, notables : le
c^{en} Wissocq, proc^r de la c^{ne} présent.

Un membre a dit que la maison des ci-devant
religieuses URSULINES alloit être vendue, mais
qu'ayant examiné les batimens et le terrain qui
la composent, il avoit reconnu que le bien de
la nation exigeoit que la rue de l'Oratoire, aboutissante à laditte maison, se perpétuat à travers
son vaste terrein jusqu'au chateau, et dans la
direction que naturellement elle présente ; qu'il
en résulteroit nécessairement que le terrein dont
il s'agit acquéreroit une valeur bien au-dessus de
celle que l'on en peut espérer dans l'état actuel
des choses et que le conseil général de la commune auroit à se reprocher de ne point saisir
cette occasion pour procurer à la nation un
avantage inapréciable, en proposant ses vues au
directoire du district.

Cette proposition ayant été examiné ainsi que

le plan présenté par ledit citoyen membre du conseil, il a été généralement reconnu que la rue de
l'Oratoire étant prolongée jusqu'au chateau, le
terrein des Ursulines et les batimens qui composent cette maison acquerraient une valeur bien
plus conséquente que celle que l'on peut en
attendre, qu'indépendamment de cet avantage, il
en résulteroit un autre bien à désirer, et qui con-
sisteroit à donner au chateau une libre entrée
qu'il n'a pas et qu'il lui est si necessaire, et à établir entre lui et les magazins nationaux à usage
de l'artillerie une communication aisée dont ils
n'ont jamais jouis.

En conséquence, le procureur de la commune
entendu, il a été résolu unanimement que le district seroit prié de s'occuper sans délai de l'exé-
cution du plan proposé et de faire auprès du
département et de la convention nationale les
démarches nécessaires pour en assurer le succès
d'autant plus aisé à obtenir que le bien général
se rencontre sans contredit dans son adoption :
fait et arrêté en la maison commune, les jours,
mois et an que dessus et ont les membres présens signés.

Pour copie Lheureux.

Vu la déliberation du conseil de la commune
ci-desssus. Les membres du directoire du district de Boulogne... estiment qu'il y a lieu d'or-
donner que la maison des Ursulines aboutissante

à la rue de l'Oratoire soit adjugé à la charge par l'acquéreur d'ouvrir et prolonger lad⁰ rue jusqu'à l'entrée du chateau ainsi qu'il est figuré sur le plan, dans le délai qui sera fixé par le départe-ment ; Arretent que le présent avis sera immé-diatement transmis au département avec priere d'y avoir le plus grand égard et d'y donner de suite son approbation, attendu que la vente de lad⁰ maison des Ursulines est indiquée au 22 de ce mois.

Fait en directoire, Boulogne le 18 x^bre 1792.

Pierre DUPONT, F. DOLET, p^t.

Nous pensons que la demande de la municipa-lité de Boulogne ne peut être qu'avantageuse, tant pour la comodité et l'embellissement de la ville que une plus valeur à espérer dans la vente du terrein de la maison conventuelle dont il s'agit ; cette division favorisera tous les arrange-ments de distribution qui peuvent faciliter une vente détaillée et convenable à plus de particu-liers.

Arras le 21 x^bre l'an 1er de la R. f.

GRANCLAS.

Vu la délibération prise le 17 de ce mois par le Conseil général de la commune de Boulogne rela-tivement à la vente du couvent des ci-devant Ursulines dudit lieu ; vu aussi l'avis du directoire du district... et le plan figuratif dudit couvent : Les administrateurs composant le directoire du

département du pas de Calais, ouï le rapport et le
procureur sindic, considérant qu'en prolongeant
à travers ledit couvent, ainsi que la commune de
Boulogne le propose, la rue dite de l'Oratoire, on
a tout lieu d'espérer une plus valeur considérable
lors de la vente dudit couvent qui pourra se faire
en détail, arrêtent d'appuyer auprès de la Convention nationale le projet présenté, et comme la
vente dudit couvent est indiqué(e) à demain,
arrêtent aussi qu'il sera surcis à ladite vente et
que le présent arrêté sera raporté sur le champ
et par exprès au directoire du district de Boulogne. Fait au directoire d'Arras le 21 xbre 1892.

GALAND, secret[re] gén[al].

2 f.- in fol.   (Archiv. Comm. Boul.).

F

1798, 15 août

VENTE DES URSULINES

L'an vi[e] de la R. F. le 28e jour de thermidor,
par devant nous administrateurs du département
du P.-de-C., il a été procédé à la réception des
premières enchères pour la vente des biens cy-
après...

Savoir :

La maison, l'église et toutes les dépendances
du ci-devant couvent des Ursulines, size en la
haute commune de Boulogne, tenante d'un bout

vers levant à la rue du Château et à la propriété du citoyen Dublaisel d'Enquin, d'autre vers couchant, aux classes et à la rue du Collège, à la propriété du C^en Blangis-Leporcq et à une maison indivise entre le citoyen Delattre et la République, ainsi qu'à la rue de la Balance, d'une liste vers midi à la rue dite St-Martin, d'autre liste vers nord à la rue de l'Oratoire et à la propriété indivise entre ledit citoyen Delattre et la République et aux propriétés des citoyens Chauveau et Dublaisel d'Enquin.

Les dits biens formant un seul lot... (estimé) 23,000 fr.

...Le 4 fructidor an VI (21 août), nous, administrateurs du Dépt du Pas-de-Calais... avons ouvert les enchères à la somme de 17,250 francs.

Il a été allumé un premier feu pendant la durée duquel il a été offert par le citoyen Philippe Blazart demeurant à Arras, la somme de deux cens quatre mille francs.

Ayant été allumé un second feu qui s'est éteint sans qu'il ait été fait aucune enchère, l'administration considérant que ce domaine n'a pas été porté à sa valeur réelle, arrête... que l'adjudication définitive est remise au 9 de ce mois...

L. D. GAYANT, PARENT-RÉAL, LEBLOND,
BERGAIGNE, L. GARNIER, BLAZART.

Ce jourd'hui 16 fructidor an VI (2 septembre), il a été allumé un feu pendant la durée duquel

les enchères ont été portées à la somme de deux
cens quatre mille deux cens francs par le citoyen
Marie Louis Joseph Gorrilliot, imprimeur, demeurant à Arras... et nous avons adjugé audit
C^en Gorrilliot, pour lui ou command...

> PARENT-RÉAL, L. D. GAYANT, BERGAIGNE,
> GORRILLIOT.

Et le 17 fructidor an vi (3 septembre) est com-
paru le C^en Marie Louis Joseph Gorrilliot, adju-
dicataire des biens cy-dessus, a déclaré pour ses
commands les citoyens Augustin Aimable Joseph
Jacob, dit Anquin, concierge de la maison d'arrêt
ditte des dominicains à Arras, y demeurant,
Jérôme François Lefebvre, marchand, Etienne
Calvet, aussi marchand, Guislain Piteux, Vicogne,
vivant de ses biens, demeurant à Arras, Jacques
Philippe Duponchel, fabriquant, Stanislas Gamot,
marchand demeurant à Béthune, et Louis Manier vivant de ses biens et demeurant à Paris.

Signé : GORRILLIOT, JACOB dit ANQUIN, LEFEBVRE,
PITEUX, L D. GAYANT, LEBLOND, PARENT-
RÉAL, BERGAIGNE, L. GAMIER (*sic*, et non
Manier).

IV

ANNONCIADES

Le monastère des Religieuses Annonciades observe
l'institut des Annonciades, fondé par la bienheureuse

Jeanne de Valois, reine de France, fille de Louis XI, sœur de Charles VIII et femme de Louis XII.

NOMS ET AGES DES RELIGIEUSES ANNONCIADES

Sœur Marie Louise Madelaine DE FOSSE, ditte de sainte Agnès, supérieure, 60 ans 9 mois.

Marie Jeanne Françoise BERNARD, ditte de sainte ·Euphroisine, 56 ans 6 mois.

Marie Françoise Xavier WHITE, ditte de saint Jean l'Evangéliste, dépositaire, 61 ans 6 mois.

Marie Anne Joseph BRASSART, ditte de saint Charles, maîtresse des novices, 59 ans 6 mois.

Marie Jeanne Catherine DUPONT, ditte de sainte Thérèse-Jésus, sacristine, 55 ans 6 mois.

Marie Catherine LOELLIETE, ditte de sainte Jeanne (1) 78 ans 6 mois.

Marie Françoise LEFEBVRE, ditte de saint Augustin, 78 ans 6 mois.

Marie Benoite Thérese LEGENDRE, ditte de saint François de Salle, 61 ans 6 mois.

Marie Anne Joseph BELLINGUET (2), ditte de sainte Rosalie, 55 ans 6 mois.

Marie Françoise Elisabeth LE PORCQ, ditte de saint Jean-Baptiste, 57 ans 6 mois.

Marie Louise FOURNIER, ditte de saint Antoine de Padoue (3), 56 ans 6 mois.

Marie Françoise FOURNIER, ditte de saint Benoit (4), 55 ans 6 mois.

---

(1) Marie Catherine *Lœuillet* ou Leuillette prête le serment civique le 7 mai 1793, et déclare se retirer à Cormont.

(2) *Alias* Belinguer.

(3 et 4) Les sœurs *Fournier* prêtent serment le 7 mai 1793 et vont à Cormont.

Marie Louise Resaux (ou Retaut), ditte de l'Assomption, 47 ans 6 mois.

Marie Charlotte Vasseur, ditte de la Visitation, 46
ans 6 mois.

Marie Louise Dhonte, ditte de l'Annonciation (1),
37 ans 6 mois.

Marie Alexis Martin, ditte de saint Dominique, 49 ans
6 mois.

Marie Catherine Justine Duplessis de la Morlière,
ditte Thérèse de saint Alexis, 45 ans 6 mois.

Marie Louise Duflos, ditte de sainte Ide, 45 ans
6 mois.

Marie Jeanne de Saint-Maxant, ditte de saint Bazile,
48 ans 6 mois (2).

Marie Anne Joseph Martin, ditte de sainte Catherine,
44 ans 6 mois.

Marie Henriette Duplessis de la Morlière, ditte du
Cœur de Jésus, 36 ans 6 mois.

Marie Elisabeth Delporte, ditte des 10 vertus de la
Sainte Vierge (3), 42 ans 6 mois.

Marie Espérance Victoire de Mari, ditte du Calvaire,
41 ans 6 mois.

Marie Françoise Geneviève Bellot, dite de sainte
Gertrude, 46 ans 6 mois.

Marie Antoinette Beatrix Cossart, ditte de sainte
Gabriel, 42 ans 6 mois.

---

(1) Marie Louise *de Lont* ou Delont (le vrai nom est d'Hont)
prête serment le 12 janvier 1795.

(2) Marie Jeanne *Saint-Maxent* prête serment le 7 mai 1793
et va à Bainghem.

(3) Emigrée, retirée près de Munster.

Marie Bernardine Henriette DE CELERS (1), ditte de sainte Cécile, 32 ans 6 mois.

Marie Marguerite Thérèse DUMOULIN, dite de sainte Godelaine, 38 ans 6 mois.

Marie Angélique WIDEN, ditte de la Nativité de Jésus, 35 ans 6 mois.

Marie Ursule LE MAIRE, ditte des Anges, 36 ans 6 mois.

Marie Françoise DUMOULIN, ditte de la Conception, 35 ans.

Marie Jeanne Firmin LE POT, ditte de sainte Berthe, 30 ans 6 mois.

Marie Thérèse CASTILLION, ditte de saint Louis, 31 ans.

SŒURS CONVERSES

Marie Jeanne VESQUIÈRE, ditte de saint Joseph, 66 ans 6 mois.

Marie Gennevieve BRILLART, ditte de saint (François) d'Assise, 53 ans 6 mois.

Marie Jeanne Françoise TELLIER, ditte de sainte Madeleine, religieuse susprimée des Annonciades de Lille en Flandre, 49 ans.

Marie Caroline LE MAIRE, ditte de sainte Geneviève 42 ans 6 mois.

Marie Rose CROIS, ditte de sainte Marthe, 39 ans 6 mois.

Marie Séraphine Joseph DANNELLE, dite de sainte Elisabeth, 39 ans 6 mois.

Marie Catherine D'AMBROISE, ditte de saint Martin.

(1) Bernardine-Victoire Celers, prête serment le 3 mai 1793 et se retire à Verchin.

Marie Madelaine Augustine ANGUET (ou Ongnet) ditte
de saint Bernard, 35 ans 6 mois.

Marie Austreberth ROUGEGRÉE, ditte de sainte Placide, 27 ans.

La communauté observe qu'elle reçoit des pensionnaires pour les élever et leur donner l'éducation
nécessaire. Elle instruit aussi de pauvres enfants
chacun l'espace de trois mois pour leur première
communion, et reçoit des pensionnaires en chambre.

Le monastère, y compris l'église, le jardin et la
maison servant au logement du confesseur contient
environ 40 toises de long sur 20 de large. Il possède
une maison ditte *l'écu d'or* seante sur le marché au
bled, occupée par les d^elles Cazin, moyennant 400 livres
de loyer annuel.

Une seconde ditte *Maison ronde* occupée par
M. Caillette, cadet, et louée 300 livres.

Une troisième ditte maison de Raye ? occupée par
M. Legrand et louée 200 livres (1).

V

COLLÈGE DE L'ORATOIRE

Le revenu du collège de Boulogne en biens de
campagne, dixmes, la prébende préceptoriale, les

(1) Archiv. Comm. 4 pp. in-4°.
Signé : Sr M. Louise-Madeleine de fosse, dite de Sainte Agnès,
        supérieure.
        Sr Marie F. X. White, dite de St Jean l'Evangéliste,
        dépositaire.
La vente du mobilier des Annonciades a commencé le
24 octobre et a été finie le 15 novembre 1792 : total de la
vente 9.378 livres.

biens de ville, rentes constituées et de toute espèce, produit des chaises, de la contribution des écoliers forme un total de . . 11,528 liv.

Le total des charges, frais et réparations de maison, sacristie, gages de domestiques, honoraires des professeurs, monte à . . 5,903 liv.

Les dettes actives de la maison sont de 2,974 liv.

Les dettes passives de . . . . . 3,077 liv.

Les biens sont administrés par le supérieur qui communique ses comptes tous les trois mois aux deux plus anciens prêtres.

Le dernier compte a été rendu le 29 mai dernier en présence de toute la communauté par le père Bombois, visiteur.

L'état de la caisse en ce moment est d'à peu près . . . . 1,200 liv.

L'établissement du collège consiste en neuf personnes : un supérieur, un préfet, un professeur de philosophie, un de rhétorique, cinq régents pour les humanités.

Observations

1º Le traitement des professeurs est devenu trop faible pour le temps actuel. Dans l'Oratoire les honoraires sont gradués. Celui qui est dans la congrégation depuis 10 ans ne touche que 200 livres ; celui qui en a plus de 10 reçoit 150 livres, les autres n'ont que 120 livres. On voit que ce traitement est trop modique pour fournir à l'entretien de chaque membre. Le frère reçoit 80 livres.

2° Messieurs les administrateurs sont priés d'observer qu'il ne reste que 5,405 livres pour nourrir, éclairer, et chauffer neuf instituteurs publics, un frère et deux domestiques : encore sur cette somme faut-il prélever les frais de blanchissage et de l'entretien du linge de table et de nuit, ainsi que plusieurs autres menues dépenses.

3° L'année prochaine la maison de l'Oratoire ne jouira plus du produit du canonicat, ni des dixmes, ce qui sera dans le revenu une diminution de 5,500 livres de moins.

(1 f. petit in-4°. Archiv. comm. Boul.).

La maison, cours, jardin et bâtiments de l'Oratoire sont vendus nationalement le 14 février 1797 au sieur Maxime Cornuel pour 9,396 livres.

En 1790 la communauté se composait d'un supérieur, Pierre François Marie Cazin, d'un préfet, de sept professeurs, d'un frère lai et d'un domestique.

D'après l'Almanach historique et géographique du département du Pas-de-Calais pour 1791 le collège de l'Oratoire avait pour directeur et professeurs :

Le P. Cassin (1), supérieur, le P. Caroul (2), préfet.

(1) Pierre François Xavier Casin, supérieur dès 1788, prêta le serment civique le 22 septembre 1792.

(2) Carroule (Pierre François), prêtre de la maison de Boulogne en 1788.

Professeurs : philosophie, le P. Barret (1), rhétorique, P. Millot (2), seconde, P. Catard (3),
troisième, P. Morillot (4), quatrième, P. Lissès (5),
cinquième, P. Morel, sixième, P. d'Itincourt.

Les PP. Spitalier, Isnardi, Voisin, etc., étaient
à Arras.

VI

PRISONS

François Marie Cléry, prêtre du diocèse de Boulogne,
protonotaire apostolique, bachelier en théologie de la
faculté de Paris, aumonier des prisons du district de
Boulogne au département du Pas-de-Calais, est âgé
de 42 ans. A été aumonier de la maison de force pendant dix ans.

Depuis la réunion du dépôt de mendicité à celui
d'Amiens, est aumônier des prisons de la ville depuis
cinq ans.

(1) Baret (Ch. J.), curé intrus de Samer jusqu'en février 1793.
Juge 1794, marié, établi marchand dans la Grande-Rue.
(2) Cattaert (Thomas Alexandre Joseph), né à Lille le 25 novembre 1762, entré à l'Oratoire en 1783, professeur à Lille, à
Douai et à Boulogne, défroqué en 1790, marié à N. Belle, officier
municipal 1792, terroriste, président du département de la
Somme, juge. Mort avocat à Versailles le 20 avril 1800.
(3) Morillon (Jean Baptiste) né à Véndôme, 34 ans en l'an II,
quitta l'Oratoire le 2 décembre 1793, notable, juge.
(4) Lissès (Jean Louis Stanislas). né à Paris 15 avril 1766,
Oratorien, instituteur public, agent national. Taille. 4 pieds
11 pouces, cheveux et sourcils chatains, yeux gris bleus, nez
long, bouche moyenne, menton rond, front bas, visage rond.
Comme professeur de grammaire à l'Ecole Centrale, il prête
serment de haine à la royauté et à l'anarchie le 19 avril 1798.
Mort célibataire le 26 novembre 1835.

A pour tout revenu une pension de 2,000 livres sur l'évêché de Séez.

Je certifie ce que dessus.   L'abbé Cléry.

A Boulogne, le 12 septembre 1790.

Billet autographe petit in-4°. (Archiv. comm.)

Il y a deux prisons à Boulogne : la prison de la ville et celle du château.

Dans la première se trouvent confondus les prisonniers pour dettes, pour fait de police, les contrebandiers, les déserteurs, les criminels.

Cette prison est située dans les bâtiments de l'hôtel commun. La cour en est très étroite, petite et malsaine, se trouvant d'ailleurs entourée de batiments très élevés qui ne permettent pas le renouvellement de l'air.

C'est particulièrement dans le beffroy que se trouvent les cachots, ils y sont tant grands que petits au nombre de six : on y monte par l'escalier de la tour.

Tous ces cachots sont malsains et peu aérés à l'exception d'un petit qui se trouve le plus élevé et proche de la chambre de la question.

Il y a dans la cour deux prisons assez grandes, une pour les hommes, l'autre pour les femmes ; un petit cachot très obscur où l'on met la provision de charbon pour les prisonniers. L'on a fait depuis peu deux chambres très étroites et qui peuvent contenir trois à quatre prisonniers : elles sont placées au-dessus de la chambre du conseil et servent en quelque façon de pistole. On y loge les prisonniers pour dettes ou pour faits de police.

La plupart de ces prisons sont sans latrines.

En ne consultant que ce qu'on doit aux malheureux pour qui la prison n'est souvent qu'une correction et qui sont assez punis par la perte de la liberté, cette prison devroit être supprimée et remplacée par quelqu'autre construite d'après le soin de l'humanité, base de toutes les opérations actuelles.

La prison du château qui est la seconde, n'est employée que pour les militaires ; elle consiste en un vaste bâtiment souterrein, non éclairé, sans latrines, au-dessous du niveau des fossés, servant autrefois de temple aux réformés. Son humidité, provenant de sa situation, indique la nécessité de l'abandonner ; il y a en outre deux prisons nouvellement établies dont l'une peut contenir huit à dix prisonniers et l'autre deux à trois. Ces prisons sont éclairées et plus saines, mais elles manquent également de latrines et on auroit pu choisir de meilleurs emplacements dans le chateau qui est fort vaste.

Au reste la prison du chateau n'a servi jusqu'ici qu'aux militaires. Nous croïons cependant que c'est l'endroit le plus propre à établir une prison générale.

(Archiv. comm. 1 f. in-4°).

VII

PETIT SÉMINAIRE

Le petit séminaire, dit de la Sainte-Famille, fondé en 1786 par Mgr de Partz de Pressy, évêque de Boulogne, en faveur des jeunes gens de son diocèse peu favorisés des biens de la fortune, pour y faire leur cours d'humanité et de philosophie.

Revenu : consistant en contracts sur les aides et gabelles, et revenus du roi ; sur le clergé ; en rentes usagères : total . . . . 11,917 l. 4 s,

Le prieuré de Notre-Dame d'Ardres, situé dans le diocèse a été réuni au petit séminaire par lettres patentes enregistrées au parlement en 1789. Son revenu consiste en dixmes et parties de bois, deux mesures de terres, le tout faisant un revenu annuel de . . 3,096 l. »

Total des revenus. . . 15,013 l. 4 s.

Les charges sont de fournir suivant l'esprit fondateur aux pensions alimentaires totales ou partielles des étudiants du diocèse, ce nombre étoit l'année dernière de 75 et la pension fixée à 250 livres.

Les charges du prieuré sont la contribution aux réparations et fournitures des églises où se lèvent les dimes ; les impositions ; la pension alimentaire et les honoraires des supérieurs et directeurs portés à 2,900 livres.

Les gages des domestiques 370 livres.

En outre les réparations des meubles et de la maison qui restent ici sans évaluation.

Dettes : il n'y en a pas.

Administration : Le receveur général est M. Clément ; il remet au supérieur de la maison, tous les trois mois, le quart du montant des bourses qui ont été données au concours.

Le supérieur est chargé de la dépense de la maison et rend son compte tous les ans à l'évêque ou à ses vicaires généraux. Le dernier compte est du 4 décembre de l'année dernière.

Caisse : la caisse est vuide.

La maison est gouvernée par un supérieur et deux directeurs d'études.

Leurs fonctions sont de veiller sur la conduite et les études des élèves lorsqu'ils sont de retour du collège, de leur faire des répétitions et de les former aux vertus morales et chrétiennes.

Les honoraires du supérieur sont de 900 livres.

Ceux du premier directeur de 600 livres.

Le second ne gagne que la pension.

VIII

GRAND SÉMINAIRE DE BOULOGNE (1)

Il existe en ville un collège pour les humanités, un petit séminaire pour le même objet et un séminaire pour la prêtrise.

(1) La vente du mobilier a eu lieu le 19 novembre 1791 et jours suivants.

Ce dernier jouit du revenu cy-dessous :

1° A cause des bénéfices unis au séminaire consistant en une chapelle, une chambre de dime et un personnat en Artois   325

2° A cause de 3 fermes et 15 mesures de terre : cet article est augmenté de 250 livres par les nouveaux baux   2,750

3° A cause de 5 maisons en ville. .   1,360

4° A cause de 13 maisons à bail emphitéotique.   554

5° Impositions, au nombre de 21, sur prieurés et abbaïes du diocèse pour subsistance des directeurs . .   1,525

6° Restant des rentes dues pour fondation de messes, le surplus remboursé à servi à l'achapt de divers terrains qui font le revenu du séminaire   128
____
6,642

Charges

1° Bourses gratuites . 1,084

2° Rentes et censives . 193   0   7

3° Rentes sur les biens de la ville 199   9   6

4° 600 messes à acquitter à 12 s. 360

5° Fondations pour les pauvres 136 10

6° Rente viagère à la supérieure de l'hôpital . 50

7° Rente placée sur le clergé au profit de l'hopital en faveur des pauvres malades de la basse ville 150

2,173   0   1

Revenu net. . . .   4,468 19 11

Il convient encore déduire de cette somme la dépense pour l'entretien ordinaire et extraordinaire des biens de ville et de campagne, et pour celui du prieuré, de la maison et de la chapelle de Saint-Pol en Artois.

Fondations destinées à emploïer à des services particuliers

1º Par Mrs de Pérochel, de Pressi et autres en contract sur l'hôtel de ville de Paris et le clergé produisant net. . 3,211 19 1

                                      l.   s.   d.

Charges : Nourriture et entretien de quatre prestres et un frère, tant en mission que dans la maison pendant toute l'année.

2º Fondation par M. de Pressy sur le prieuré d'Herly, du consentement du titulaire avec réserve sa vie durante de 3,000 livres de pension annuelle consistante de revenu net en. 3,500
Et en une recette de droits seigneuriaux 700

Charges : Ce revenu est distribué par M. l'Evêque de Boulogne entre les pauvres prêtres de Boulogne à la mesure de 72 livres pour frais de......
au séminaire.

3º Fondation par Mr de Pressy en contract sur le clergé du revenu annuel de 2,000

Charges : Pour payer la retraite du diacre pendant les six mois au dela des quinze fixés par les statuts du diocèse. Le supérieur rend compte à l'Evêque.

4° Fondation par Mr de Pressi en contract sur l'octroi de la ville de Boulogne du revenu de 700

Charges : pour payer les frais des retraites annuelles de MM. les curés et vicaires.

5° Fondation par MM. Demont, Clément et Lequu pour M. Pain, ensemble du revenu de 690

Charges : Cet objet fournit à des bourses gratuites en faveur des pauvres étudiants.

6° Fondation par Mr de Pressy en deux contrats sur le clergé, ensemble du revenu de 450

Charges : 400 sont emploïés en faveur de filles du païs d'Artois pour entrer aux filles de la Charité, 50 pour aider à la subsistance du 3e vicaire de Guisne. Le supérieur rend compte à l'Evêque.

7° Fondation par M. de Pressi en un contract sur l'octroi de la ville de Boulogne du revenu de 300

Charges : Emploiée et aumonée et récompense dans les missions.

Total des fondations... 10,551 19 1

Les dettes actives montent à 6,000 livres. Les passives à 13,200.

Les revenus de la maison sont administrés par un prestre qui rend compte tous les mois au supérieur et au prêtre le plus ançien, et dans les affaires majeures le supérieur assemble un conseil de plusieurs prestres.

Deux fonctions principales existent dans cette maison : la direction du spirituel et temporel, et les missions de la campagne : La première est remply par MM.

Jean François D'AVELU, supérieur . âgé de 71 ans
Ant(oi)ne Joseph MAINBEUF, procureur, — 35 ans
Jean François BONVARLET, professeur
en théologie . . . . — 35 ans
Jean François DUPIED, professeur. . — 25 ans
Les prestres pour la mission :
Nicolas Siméon PETAIN, directeur. . — 45 ans
François Maurice PRUVOT . . . . — 40 ans
Jean Baptiste LANTOINE. . . . . — 40 ans
Jean Charles DE LA VILLE . . . . — 28 ans

Trois frères pour le service de la maison et un pour celui des missions.

Le traitement consiste en un vestiaire modeste, une nourriture simple, avec beaucoup de besogne, leurs petites aisances sont au dépens de leurs revenus particuliers et patrimoniaux quand ils en ont,

(Original. Archiv. comm. B., 1 f. in-folio).

IX

BUREAUX DE CHARITÉ

1° HAUTE VILLE

Revenu fixe : consiste en une rente de
60 livres sur le clergé 60
Casuel : Le chapitre de Boulogne a

donné jusqu'ici annuellement pour le
soulagement des pauvres   1,512

La quête qui se fait dans la haute ville
produit, année commune, entre 2,800
et 3,000 livres. L'année dernière elle a
rendu 3,063 14 6

Total... 4,635 14 6

L'emploi de ces fonds se fait en pain, viande, chauffage, vêtements, linge et une modique distribution
d'argent qui se fait chaque mois aux infirmes et aux
plus nécessiteux, pour les aider à payer leur loyer. Le
bureau est régi par des administrateux pris parmy
les premiers citoyens de la ville et parmi lesquels se
trouve toujours le curé de la paroisse.

Dans l'état actuel, la dépense excède la
recette de . . . .   495 liv.
Il est dû au boucher. . . . . . .   120 liv.
Pour les frais de la filature. . . . .   500 liv.

Total... 1,115 liv.

Le dernier arrêté de compte est du 14 mai dernier ;
à cette époque M. Flament, chanoine de la cathédrale,
receveur des aumónes, étoit en avance de 411 l. 4 s. 9 d.

II. — BASSE VILLE

Revenu fixe : Rentes constituées. . .   476 2 8
Revenus casuels : Produit de la quête au
profit des pauvres ; cette quête varie
et rend bon an, mal an   2,634
Produit des bals et comédies, dans les
années où il y a comédie. . . .   550

Total... 3,660 2 8

Ces sommes sont régi(e)s par des administrateurs choisis parmi les plus honnêtes gens de la ville, le curé est toujours du nombre. Elles servent à fournir du pain, des habillements, du chauffage, des mois de nourice aux plus pauvres habitants de la paroisse. Elles n'y auroient jamais suffi si l'hôpital et des gens charitables n'avoient souvent fourni des portions de viande à ceux-ci, sur des billets des médecins.

Le dernier compte a été rendu le 1er septembre 1790 par M. Guerlain, et le bureau était alors en débet de 1,127 l. 6 s. Ces dettes sont très instantes. Ces sommes étant pour la plupart du(es) aux fournisseurs.

(2 f. petit in-4° pap. Archiv. comm.)

X

PAROISSE SAINT-NICOLAS

Noms des prêtres en exercice en la paroisse de Saint-Nicolas de Boulogne-sur-Mer, le 10 septembre 1790.

MM.

Michel Joseph RAPPE, agé de 70 ans ; a travaillé en qualité de vicaire 2 ans en la paroisse de Desvrenne en Boulonnois, 29 ans en qualité de curé en celle d'Alambon dans l'Ardrésie et 14 ans aussi en qualité de curé doyen en celle de Saint-Nicolas de Boulogne.

François Gaspart BRAURE, agé de 35 ans, a travaillé en laditte paroisse Saint-Nicolas en qualité de vicaire depuis 6 ans ; il avoit travaillé 2 mois en celle de Bincthun, immédiatement avant de venir en celle dudit Saint-Nicolas. (Fut depuis missionnaire).

Antoine Jean Marie MARTRE, né en 1755, âgé de 24 ans (prêtre de 1779) a travaillé en laditte paroisse en qualité de chapelain et de vicaire depuis 10 ans, il n'a point travaillé ailleurs (1).

Jacques Marie Louis Jean Baptiste COMPIÈGNE (2), agé de 34 ans, a travaillé en la dite paroisse en qualité de chapelain et de vicaire depuis 4 ans, il a été deserviteur en celle de Bincthun pendant 6 mois.

Pierre LECOMTE, agé de 43 ans, a exercé en laditte paroisse en qualité de chantre et de chap(e)lain de la confrérie de Saint-Pierre depuis 16 ans.

(Jacques) François DUFOSSÉ, agé de 32 ans, a travaillé en laditte paroisse en qualité de chantre depuis 7 ans. (Il émigra en Angleterre le 6 septembre 1792.)

Nicolas Isidore DUVAL, 26 ans, a travaillé en ladite paroisse en qualité de chapelain de la con frérie du Saint Nom de Jésus depuis 5 mois. (Le 6 septembre 1792 son passeport pour l'Angleterre

(1) Emigra et à son retour fut curé de Baincthun 1802-1830, mort à 76 ans le 12 octobre 1830.

(2) Taille 5 pieds 5 pouces, cheveux courts chatains, front ordinaire, yeux gris, nez long, bouche moyenne, menton allongé (Passeport pour l'Angleterre 6 septembre 1792).

donne le signalement suivant : taille 5 pieds 7 pouces, cheveux courts et chatains clairs, front moyen, yeux gris bleus, nez bien fait, bouche moyenne, marqué de petite vérole, menton rond.)

FABRIQUE DE LA PAROISSE DE SAINT-NICOLAS DE BOULOGNE-SUR-MER

Son revenu en rentes et maison
de ville est de . . . . . . 1,850 l. 9 s.
Les charges de . . . . . . 663 l. 19 s. 6 d.

Dans ces charges se trouvent 200 livres à payer pour intérets d'un emprunt de 4,000 livres fait pour avancer les travaux de l'église qui est en reconstruction. Elles ne comprennent ni les réparations du cœur de l'église, ni celles des maisons appartenant à la fabrique, ni l'honoraire des curé, vicaire, serpentistes, chantres, organiste, bedeaux. La fabrique ne subvient à ces dépenses qu'à l'aide de son casuel ; elle a été souvent obligée de faire des emprunts.

Le dernier compte a été rendu par M. Pierre Pot de vin, négociant, dernier receveur le 24 juin 1789, il étoit alors en avance de 1,520 livres, mais il est dû à la fabrique 4,426 livres par un négociant, en atermoyement avec ses créanciers.

La caisse est vuide et les receveurs sont le plus souvent en avance : les comptes se rendent tous les deux ans dans l'assemblée générale des curé et anciens receveurs et marguilliers.

1 f. in-4° (Archiv. comm. Boulogne).

XI

CAPUCINS

Estimation des bâtiments, jardins, bois et terreins appartenants aux R. P. Capucins de Boulogne-sur-mer (1).

Détail

Le terrein sur lequel est bâti le couvent et celui occupé par les bois, jardins et dépendances, donne une surface de 3,819 toises quarrées ou une mesure et demie suivant l'usage du pays.

Savoir :

Le terrein seul sur lequel sont tous les bâtiments contient 705 toises quarrées à 30 livres la toise, vu son emplacement, font   21,150

La partie de bâtiment consistante en une maison bourgeoise dont la face est sur la rue, en une église en très bon état, et un chœur dont les boiseries qui en font les principaux ornemens sont artistement et solidement travaillés : l'on estime la valeur de ces trois objets à   32,500

L'autre partie de bâtiments servant aux besoins et de logement aux religieux, bien distribué et solide dans l'ensemble, et ne présente que de légères réparations à faire

---

(1) L'église et le couvent des Capucins ont été vendus le 5 janvier 1793 et adjugés au s^r Charles Butor, moyennant 35,800.

à des parties qui ne sont point occupées :
sa valeur monte à. 33,762
Une partie de terrein vague et contiguë
audit corps de bâtiment, contenante 260
toises carrées, se trouve dans une situation
à pouvoir y construire, estimée à 30 livres
la toise quarrée 7,800
Le grand jardin du couvent contenant 1,000
toises quarrées, bien enclos de bons murs
et en bon état à 9 livres la toise font . . 9,000
Les terrains occupés par le bois contenant
1,350 toises quarrées, aussi bien enclos de
bons murs à 6 livres la toise quarrée . . 8,100
Les bois plantés et en très bon état, estimés 600
Un second jardin plus petit et fermé de murs
contenant 140 toises quarrées à 8 livres
la toise. 1,120
Petits bois et terrasses à l'extrémité, estimés
ensemble 300
____
114,332

COMMUNAUTE DES CAPUCINS DE BOULOGNE-SUR-MER

Prestres

Le père Olivier, de Montreuil, gardien, agé de 38 ans
Le père Lucien, d'Amiens, vicaire — 52 ans
Le père Emilien, de Béthune — 78 ans
Le père Ladislas, de Boulogne — 52 ans
Le père Liévin, d'Abbeville — 45 ans

Frères lais

Le frère Joseph, de Montreuil-sur-mer — 58 ans
Le frère Joseph, de Saint-Quentin — 43 ans
Le frère Claude, d'Arras — 33 ans

(Original 2 f. in-fol. Archiv. comm. Boulogne.)

XII

CORDELIERS

La communauté des Cordeliers de Boulogne-sur-mer est composée de sept religieux, savoir, cinq prêtres et deux frères laïes. C'est le seul couvent des Cordeliers qui soit dans le département du Pas-de-Calais.

Le père Jacques HOCHART,	agé de	73 ans
Le père Joseph FACON,	—	59 ans
Le père Jean Martin MALAMHEL	—	59 ans
Le père Philippe LAGACHE	—	30 ans
Claude PATENAILLE (1), gardien,	—	47 ans
Le frère Charles Lardeur, dit frère Bon	—	60 ans
Le frère Ambroise Hombert, dit frère Ambroise,	—	58 ans

Pour toute propriété situé en ville, elle n'a que quatre petites maisons loués 120 livres, un magazin loué 40 livres et un petit jardin loué 24 livres, le tout attenant au couvent.

La façade du couvent du côté du jardin peut avoir 80 pied(s) et celle du côté de la cour 50 pied(s). Le jardin potager avec deux autres petits adjaçants peut contenir environ trois quarts de mesure. F. C. PATENAILLE, gardien.

(1) Le P. Patenaille, originaire de Vesoul, prêta serment de haine à la royauté, fut curé intrus de Wimille et de Desvres ; devint aide bibliothécaire à l'école centrale (18 août 1793) et simple commis du greffe à Desvres où il mourut à 64 ans le 26 mai 1806.

XIII

MINIMES

Etat du couvent des pères Minimes de Boulogne sur mer avec les rentes et les maisons situées en ville, l'âge et profession des religieux locaux.

Le jardin dudit couvent contient deux cent pied(s) de long(u)eur sur 105 de largeur : depuis la gril(l)e du jardin jusqu'au batiment, est une cour de 18 pied(s) qui entreprend toute la largeur du terrein : depuis la muraille qui donne sur le jardin jusqu'aux marches de l'entrée du couvent se trouve 115 pied(s), ce qui forme en total depuis le haut du jardin jusqu'aux dittes marches 333 pied(s).

Les batiments qui sont de la largeur du terrein, ont 18 pied(s) de large, non compris les murailles qui sont de deux pieds.

Depuis la muraille vis à vis l'église jusqu'à l'autre muraille derrière l'église il se trouve 94 pieds ; d'où il paroit que le terrein du couvent porte en total 976 toises.

RENTES ET MAISONS EN VILLE DÉPENDANTES DU COUVENT

La maison de Mme Rioux, située contre la porte du couvent à gauche, doit une rente foncière et surcensière de 100 livres en deux termes   100 l.

La maison suivante occupé(e) par Guillain, perruquier, doit en vertu d'un bail amphitéotique passé le 26 février 1725, 50 livres en deux termes   50 l.

La maison à côté de la susditte occupée par Mme veuve Soubise doit en vertu d'un bail amphiteotique   50 l.

La maison suivante appartenant à Me Clairet, vitrier, occupé par Margache, chaudronnier, doit une rente perpétuelle et surcensière de   45 l.

Les demoiselles Duval doivent une rente foncière et surcensière de 20 livres et 10 livres à l'acquit des Minimes à la Confrérie du Saint Sacrement à la hautte ville sur une maison situé(e) vis-à-vis la porte chartière dudit couvent,   20 l.

Biez, M^e menuisier, autrefois Dieuzet, maçon, doit une rente foncière et surcensière sur une maison dans la rue des potiers,   24 l.

Mlle Clément Boulanger, rue Thomas au pied, doit sur sa maison une rente foncière et surcensière de 19 livres,   19 l.

AUTRES PETITES RENTES

François Gros doit 5 livres sur la maison vis-à-vis les RR. PP. Cordeliers,   5 l.

Mlle Mutinot de la Massonnerie doit 2 livres sur la terre de Pont d'Aix.   2 l.

Les demoiselles Fossendalle doivent une rente perpetuelle et hereditaire de 4 livres, remboursable au denier 18,   4 l.

Corenflos, peruquier, doit 4 l. 13 s. 4 d. sur la maison qu'il occupe rue de l'Ange   4 l. 13 s. 4 d.

Marie Joseph Delacre doit sur la susdite maison,   2 l. 6 s. 8 di.

La veuve Varin, tonnelier, doit 30 s. sur une maison vis-à-vis les RR. PP. Cordeliers   1 l. 10 s.

LE NOMBRE DES RELIGIEUX MINIMES DE BOULOGNE AINSI QUE LEUR AGE ET L'ANNÉE DE LEUR PROFESSION.

Le P. Jean-baptiste Sombret, supérieur, est né et baptisé le 12 mars 1727, 63 ans, et a fait profession au couvent des P. Minimes de Chaillot le 30 may 1751.

Le P. Armand Louis Marie Decarsin a fait profession au couvent des RR. PP. Minimes de Chaillot, agé de 17 ans, le 12 d'octobre 1767 (40 ans).

Le P. Jean François Tachon, né le 17 décembre 1739, a fait profession au couvent de Chaillot le 29 novembre 1767 (1).

p. c. c.

A. de R.

(1) Le couvent des Minimes a été vendu nationalement le 11 mai 1791 et adjugé aux s^{rs} Antoine Vasseur, Jean Pierre Podevin, Auvière, Maxime Cornuel, Bramet et Saddet.

A Boulogne, comme ailleurs, les ventes de biens d'église ou de couvent, volés nationalement, ont été faites par les membres de sociétés secrètes, au profit de leurs confrères qui ont tous accompagné leur signature des signes de reconnaissance alors en usage.

[illegible] hundred [illegible]
[illegible]
[illegible]
[illegible]
[illegible]
[illegible]
[illegible]

[illegible]

[illegible]
[illegible]
[illegible]
[illegible]
[illegible]

www.ingramcontent.com/pod-product-compliance
Lightning Source LLC
Chambersburg PA
CBHW051245030726
47595CB00003B/1100